Livro de possuídos

Maria Lúcia Dal Farra

LIVRO DE POSSUÍDOS

ILUMI/URAS

Copyright © 2002:
Maria Lúcia Dal Farra

Copyright © desta edição:
Editora Iluminuras Ltda.

Capa:
Fê
sobre detalhe de *The Stoclet Freeze* (cerca de 1905-6), pintura sobre parede; *contracapa*: detalhe de *Tree of life* (cerca de 1905-6), pintura sobre parede, Gustav Klimt. Austrian Museum of Applied Art, Viena.

Revisão:
da autora

Filmes de capa:
Fast Film - Editora e Fotolitos

Composição e filmes de miolo:
Iluminuras

Impressão e acabamento:
Bartira Gráfica e Editora S.A.

ISBN: 85-7321-157-1

2002
EDITORA ILUMINURAS LTDA.
Rua Oscar Freire, 1233 - 01426-001 - São Paulo - SP - Brasil
Tel.: (0xx11)3068-9433 / Fax: (0xx11)3082-5317
iluminur@iluminuras.com.br
www.iluminuras.com.br

Sumário

Caro leitor, 9

Van Gogh

Primeiros passos, 13
Paisagem de outono, 14
O quarto de Vincent no Arles, 15
Ponte de Langlois com senhora de guarda-chuva, 16
Pinheiro e figura diante do Asilo Saint-Paul, 17
Lembrança de Mauve, 18
O moinho da Galette, 19
O tecelão, 20
Retrato do Pai Tanguy, 21
Auto-retrato com cavalete, 22
A babá, 23
Vinha tinta, 24
Sapatos, 25
Auto-retrato, 26
Planície da Crau, 27
Doze girassóis num vaso, 28
Velho homem triste, 29
Ameixeiras floridas, 30
Duas meninas, 31
Paisagem com cipreste e árvore em flor, 32
Retrato do Dr. Gachet com ramo de dedaleira, 33
Os comedores de batatas, 34
Auto-retrato, 35
Medas de feno na Provence, 36
O zuavo Milliet, 37
Ramos de amendoeira em flor, 38
O semeador, 39
Noite estrelada (cipreste e vilarejo), 40
Jardim do Asilo Saint-Paul, 41
Auto-retrato com cachimbo, 42
Parque do Arles, 43
Igreja de Auvers, 44
A cadeira de Vincent, 45

Vergilianas

Vergiliana, 48
Pêssego, 51
Confissões de um rabanete, 53
Couve, 55
Fruto d'ouro, 56
Melancia, 57
Espinafre, 59
Seqüóia, 61
Maçã, 63
Uva, 65
Orquídea, 67
Alcachofra, 68
Banana, 69
Receita hermética, 71
Manga, 73
Nenúfares, 75
Abacaxi, 77
Cebola, 79
Morango, 81
Girassol, 82
Carnívoras, 83

Quiabo, 85
Maracujá, 87
Verde pino, 89
Romã, 91
Abóbora, 93
Coroa-de-cristo, 95
Pimentão, 97
Alho, 99
Baobá, 101
Jaca, 103
Figueira, 105
Dionéia, 107

KLIMT

Gustav Klimt, 111
Estudo para um retrato de senhora, 112
Judith, 113
Ondinas, 114
Jardim florido, 115
Palas Atenas, 116
Retrato de Adèle Bloch-Bauer, 117
Castelo Kammer, 118
Consumação, 119
Retrato de Margaret S. Wittgenstein, 120
As amigas, 121
Aléia do Castelo Kammer, 122
Retrato de Mäda Primavesi, 123
A vida e a morte, 124
Retrato de Emilie Flöge, 125
A dançarina, 126
Árvore da vida, 127
Retrato de Serena Lederer, 128
A música, 129
Retrato de Hermine Gallia, 130
Danaé, 131
Fazenda na Alta-Áustria, 132
Retrato de mulher de frente, 133

Mulher com chapéu e boá
 de plumas, 134
Jardim com girassóis, 135
Retrato de Fritza Riedler, 136
A noiva, 137
Villa Attersee, 138
Retrato de Eugénie Primavesi, 139
Campo de papoulas, 140
Retrato duma dama, 141
Projeto para a frisa Stoclet, 142
Adão e Eva (inacabado), 143

Sobre a Autora, 144

LIVRO DE POSSUÍDOS

*Para minhas irmãs
Maria Sílvia,
Maria Márcia
e Maria de Fátima Dal Farra.*

*À memória da minha irmã desaparecida:
Maria Célia Santos.*

CARO LEITOR:

me esforço por achegar a este "possuídos" o sentido daquilo de que tomei posse através da palavra: seja Van Gogh ou Klimt, seja um legume, uma flor, uma verdura ou uma árvore. Mas parece-me já agora, no instante em que peço ao termo essa acepção, que passou-se entre nós justo o contrário — fui eu a possuída por eles. À maneira de um dos poetas de Platão, tornei-me recipiente para que em mim pudessem estar presentes num corpo que não era de origem o deles. E porque assim se deslocaram, transformaram-se em outros que, afinal, deixaram de prescindir das primitivas prerrogativas: incapazes de representá-las e recusando-se a converterem-se em estéreis simulacros, encontraram, afinal, existência solitária — certamente mais humilde e módica, porém própria. Malgrado tudo, os textos pictóricos e os seres da realidade material (se é possível assim referi-los) foram apenas pretexto para que os originais permanecessem subsistindo enquanto egoísta verbo meu — falo, claro está, para cada qual, de uma sobrevida possível dentre a imensidade de tantas outras.
    Mesmo assim, a natureza dos três grupos de 33 poemas é diversa. Naqueles dos dois pintores, registrei apenas a emoção fortuita, fulminante, que o olhar sobre o quadro imprimiu de imediato em mim. São peças pequenas, geradas de rápidas pinceladas, cujo teor inicial conservei sem bulir e sem aceder a que fossem coadas pelo juízo soberano da palheta ou do arco-íris. Restaram quase em exato da forma como foram capturadas inauguralmente. E creio que, por isso, podem ser ditas arrebatamentos líricos. Já as vergilianas não. Asilam-se em outra facção do mesmo ato, este sim desdobrável e cativo de vários momentos.
    No caso destas, comecei por querer conhecer a fundo,

apaixonadamente, graças ao apelo emocional com que me envolviam através do gosto, do tato, do cheiro, da vista e do ruído, cada um dos rebentos escolhidos dentro da diversidade do mundo natural ou, mais em restrito, no interior da cerca da horta ou do pomar caseiros. Depois de existidos em mim mercê dessa convivência diuturna ardorosa e íntima, ia aos livros, sobretudo a Plínio-o-Velho, atrás de subsídios que ajudassem a enraizá-los dentro de mim como conquistas objetivas da poesia que me haviam ensinado a seu respeito. Só assim me era facultado conhecer-lhes também a origem científica, sua história e mítica.

Acontece que esse jeito de absorvê-los veio a me parecer familiarmente vergiliano, mas de um Vergílio ficcionado, efabulado, a bem da verdade contemporâneo e meu. Se este mantinha com aquele o mesmo intenso amor à natureza, tomava dos seus versos latinos, quando muito e de propósito (porque incapaz), a perfeição formal pelo avesso — o que não impedia que a índole original ainda se preservasse sub-repticiamente neles. Daí o título que (por ironia?) lhes conferi. Por último, vinha, afinal, a escrita, trabalhada e emendada várias e diversas vezes no transcorrer de um tempo moroso que ia sazonando os poemas que, ao contrário dos anteriores, tornaram-se alongados, albergando no mínimo 22 versos.

Talvez por isso mesmo as vergilianas findassem por se darem a conhecer a mim, depois de compostas, mais como poesias de natureza (digamos assim) didática: se, por tal termo, me é permitido significar a experiência de privacidade que, a respeito de cada fruto colhido, eu gostaria de pessoalmente compartilhar e dividir com todos. Mas, se não me engano, este é o fito permanente de quaisquer poemas.

Permita-me, portanto, que entregue a você, agora e desta forma, estes possuídos — sempre na esperança de que se tornem também seus. Afinal, a comunidade artística é hoje em dia talvez a única na qual os bens são de fato coletivos.

Maria Lúcia Dal Farra.
Lajes Velha, janeiro de 2002.

VAN GOGH

Ninguém está sentado
mas adivinha-se o homem angustiado.

Carlos Drummond de Andrade
"Van Gogh - A cadeira"

Primeiros passos

São (de fato)
os primeiros movimentos da menina
aqueles do tateio de cores?
Se assim é, ela já nasceu bailarina —
tamanha a perícia dos toques do pincel na tela.
A difícil travessia da horta, do quintal
(enfim, das traseiras da casa)
escolhe a natureza como escala de tropeços.
No entanto
o que se vê é a alegria,
a abertura dos braços,
o receptivo dos tons,
o pulsar incessante de legumes e verduras
que ensaiam juntos a estréia —
brotando no fundo desse mundo
inaugural.

Todo o quadro é uma festa que nos acena.
Que também você seja bem-vindo!

Paisagem de outono

O que a terra deixa escapar
se chama paisagem.
Em inglês se diz melhor
ao pé da letra
(equívoco de cognatos).
Mas para conhecê-la inteira
ângulos, pássaros,
seus dons ocultos
é preciso pintá-la se
(para tanto)
confluírem o movimento dos dedos
a vontade das cerdas
as tintas que
(como as palavras)
fingem se entregar ao que são
só para atraiçoarem.
Se tal pacto houver
a natureza se deixará capturar —
escapulindo.

O QUARTO DE VINCENT NO ARLES

O rústico se apodera
aqui
do frugal e do miúdo
para obter o tom de asseio —
do íntimo e restrito:
fala-se apenas do necessário.
Entretanto
nada se economiza em matéria de cores inteiras
— heráldicas:
cada uma diz (exatamente) a que vem
sem admitir implícitos ou nuances.
Tudo é sóbrio
perspectivado
e
(por isso mesmo)
escorreito.
Nada há que sobre
ou peça licença para entrar nesse quarto.
A arte se basta.

Ponte de Langlois com senhora de guarda-chuva

Linhas frágeis sustentam a travessia sobre as águas.
Milagre de vôo
levitação suspensa por tênues fios
e por uma mulher incrédula:
a sombrinha aberta não a protege apenas do sol
mas da eventual hipótese de a mágica não funcionar.
Em última instância
é como pássaro que espera se defender.

PINHEIRO E FIGURA DIANTE DO ASILO SAINT-PAUL

Debaixo do pinheiro
um homem aguarda. Sua inquietude
(domada no aperto dos punhos
dentro dos bolsos da calça)
se transfere para o turbilhão que avassala
folhas e galhos da árvore. Mesmo assim
a imagem plácida do asilo
lembra o convento —

quem sabe uma escola
onde se aprende a lidar com a dor.

Lembrança de Mauve

O pessegueiro corre o risco de ser japonês,
tanta a discrição das cores,
da neve que o ornamenta.
Arbusto cristalizado em açúcar
espargindo para as nuvens uma doçura
que não pára de escalar alturas —
ele é condutor da beleza
que recolhe do chão
e que soergue
(por meio de suas veias em *mauve*)
até as cumeeiras do indizível.

O MOINHO DA GALETTE

Jamais apreender o objeto
a partir do que lhe é evidente.
A roda do moinho
deve ser captada
do ângulo em que menos se ostenta
— daquele
em que o olhar vai ter de se deter
de modo a que
(rendendo-se)
paire sobre esse foco para sempre

rondando
rodando
escarafunchando
caraminholando
o que não percebeu antes.

O TECELÃO

Ele e seu instrumento fazem
um só
na imensa diversidade
das coisas do mundo.
Um sem o outro se perde:
manca a máquina, cala o que trabalha.
Ela é tábua para o seu pensar
é planície
onde ele se retalha e se acha
em meio à linhagem em que se conhece
tecido
marionete
aranha
parcas.

O que de um lado é apenas trilho
esboço, debuxo
irrompe do outro
completo
inteiro —
definitivo.
Nesse mapa ele se espelha
se reconhece
e
(intensamente)
pode se amar.

Retrato do Pai Tanguy

Só é possível calcar um tanto
no oblíquo dos seus olhos
graças às gravuras que
(por trás, no mural)
se aplicam em contar algo.
É assim que o Oriente invade seus traços
e que o monte Fuji faz do seu *chapeau*

um pontudo e circular
chapéu de bambu.

Auto-retrato com cavalete

Ele se pinta para colher em si
(no rosto)
a expressão da matéria tratada que
(sigiloso)
o cavalete oculta.
Mas, por favor, peço,
leiam nela:

dourados ofuscantes de campos
o trigal ruivo da barba
azulados e densos céus carregados do vento dos olhos
e algo divisado ao longe
que
(se assim se entremostra)
está ali

apenas para se indefinir.

A BABÁ

A mulher ostenta o ar ingênuo da profissão que pratica
adquirido (por certo)
no trato incessante com crianças.
De resto
toda ela é feita para acolhê-las:
largo colo almofadado
peitos fartos e macios
mãos que chamam o toque.

O panô que lhe faz fundo convida ao sono.
São flores de desenho
(fantasias)
com ramos que nos enlaçam
— tais seus braços.

Vinha tinta

É tanto o poder do vermelho
que os cachos de uva
incendeiam toda a vinha —
nada restando ao azul, ao verde e
(ainda menos)
ao rosa.
O sol ajuda o fogo a se espalhar
também pelas águas
(ah, como se avivam!)
e os camponeses se agitam a transportar
(dos arbustos ígneos para os cestos)
a cor
que mal podem conter.

Sapatos

No espectro do que deixam desocupado
podem seguir vários rastros:
meandros de fatos,
passos em falso,
equilíbrio, escorregos;
como foi vencido ou venceu,
defeitos do respirar, maneiras de estar no planeta.
Há, todavia, nesse baixo mundo
uma reserva de espaço,
um vazio
para o espírito.
Ali
(como pé)
ele se acomoda
se aperta ou se dilata:

confere se preenche a fôrma exata.

Auto-retrato

De um fundo todo igual
(de preferência do
mesmo matiz dos olhos)
minha cabeça estranha
indisposta
determinada
deve emergir sozinha:

meteoro furando camadas,
extratos de nuvens.
Só assim
os tons do dourado
(com os quais trabalho)
desde o mais pálido ao mais queimado
(beirando o ruivo)
podem sulcar relevos na minha face
e distribuir
(segundo a luz)
cabelo, barba, sobrancelhas —

digitais da minha palheta.

PLANÍCIE DA CRAU

Soltar a vista pela planura
é escorregar
(quase sem sobressaltos)
pela luz. Os únicos acidentes geográficos
são (aqui) um arado
(ali) o monte de feno com
suas escadas de assalto,
uma ou outra casa esparramada
pela superfície campestre
— sempre em alerta o periscópio das chaminés.

Como o espaço é extenso
apenas as cercas cortam
a comunidade do olhar.

DOZE GIRASSÓIS NUM VASO

Atestados do sol,
diferentes provas da existência de deus
na galáxia doméstica,
arranjos de constelação prazeirosa —
eles nos brindam a cada uma
das horas do dia.
A vista se regozija
(minuto a minuto)
recebendo a prenda.

Velho homem triste

O que tanto o aflige
que sequer me mostra o rosto?
Os grossos sapatos calcam
(no assoalho)
uma dor que não se pesa,
tal qual suas mãos
(seus punhos)
sobre os olhos.
Só o fogo da lareira
podia consolá-lo
se já há muito não estivesse
(em vão)
tentando aquecer
o idoso coração.

AMEIXEIRAS FLORIDAS

A árvore e seus frutos
nascem sob signo oriental:
vermelho, dourado, preto —
haicais do tempo
(quem sabe)
de transcrição primaveril.
A protegê-los
uma corrente de caracteres
faz-lhes a cerca,
divisória de estações —
como a margem dum caderno

como uma moldura?

DUAS MENINAS

O rigor da estética
não permite acrescentar nada além
que os exatos traços.
As crianças são rudes
maltratadas
(impossíveis rebentos)
modelos inconvenientes
para a arte.
Não há
(pois)
em nome da verdade
maneira de torná-las diversas.
São (sim) pequenos monstros
mirrados seres enfeiados —
sem remissão.
Em nome da beleza
elas devem
(então)
permanecer horrendas.

Paisagem com cipreste e árvore em flor

O longo cipreste
arremessando verdes para o alto
ferindo o baixo céu
— faz biombo ao vento
que sopra desalmado
sobre a pobre árvore florida.
Não caiam tuas pétalas
não vergue o teu caule —
minha potestade te ampara!

O campo
(miúdo, dourado, rastejante)
atapeta
(compassivo)
qualquer furor da aragem —
contendo e acolchoando
o ziguezague
do malvado zéfiro.

Retrato do Dr. Gachet com ramo de dedaleira

Toda a prevista honraria do título
se abate diante
da comovente mão em que a face
(ternos olhos azuis parados no incógnito)
se apoia.
As flores tocadas pelo outro braço
(onde os dedos podem até se enluvar)
são gêmeas de igual sentimento.

OS COMEDORES DE BATATAS

Ao alto
(no centro da mesa)
a lamparina espalha pelos comensais
a luz que lhes falta: tudo é carvão
vidas encardidas nas cavernas,
na escuridão. Geradas (como elas)
no negrume da terra
(no seu útero) —
as batatas as sustentam (apenas o suficiente)
para que durem e recomecem o dia trevoso
no baixo mundo
— no paciente aguardo da morte.
Tudo (ao derredor)
tem a cor do ar que respiram,
espécie de nervuras, escuro tule que recobre as paredes
— metáfora que radiografa os pulmões.
A menina de costas é
a única promessa de futuro,
muito embora ela o tenha
(à sua frente)
nas esbatidas e sumidas figuras das velhas
que a servem.

Auto-retrato

É preciso lucidez
para se enxergar assim
(tão nitidamente)
dentro da dor.
E arte
— para não se deixar contaminar por ela.

MEDAS DE FENO NA PROVENCE

São dois montes que é preciso escalar
— fortalezas de difícil acesso.
Porque estão fechadas de boa vontade
prenhes de alimento para a estação vindoura
(que já não tarda).
Zelam pelo futuro,
vestidas de altura e robustez
— castelos a serem assaltados
(progressivamente)
pela fome.

O ZUAVO MILLIET

A vestimenta
(quase por inteira feminina)
não desmente a macheza do modelo que,
com despudor
(apenas permitido aos homens),
recosta a mão sobre o sexo
para que ninguém se confunda.
A delicadeza do uniforme está ali
só para ser contestada:
pernas abertas
botas escancarando intimidades
boné pendido em displicência.
Para além disso,
a cara (com seus pêlos, bigodes
grossas sobrancelhas, farta cabeleira)
não dá azo a nenhum engano
sobre o gênero.

Ramos de amendoeira em flor

Como relâmpagos riscando um céu de verão,
assim os ramos da amendoeira.
Hieróglifos,
sistema de comunicação silenciosa —
cada florescência ilumina (na minha mente)
um ponto fertilizado.
Feixe de nervos irradiando emoções
(imperceptíveis ainda)
os galhos da felicidade apontam para o êxtase:
oh, que radiante atmosfera!
ah, como se expõem essas flores!
Em seu encordoamento
(pode-se dizer)
amarram e detêm toda a beleza.

O SEMEADOR

Deixa por onde passa
um rastro de promessa que atrai
peregrinos —
pássaros ávidos por transformá-la rápido
em real. O futuro corre
solto atrás do trilho
e corre o risco de não vingar —
embutido na fome dos viventes
que o convertem (num jato)
em passado.
Ainda assim a semeadura persiste
pois que
(de novo)
semente nas fezes
o pretérito morto brota porvir.

Noite estrelada (cipreste e vilarejo)

Tantos sóis na noite escura
e tão baixos
que afrontam (com seus bojos)
as pontas da torre que se alça
dos pés da igreja
para alcançá-los.
Tão irriquietos se mostram
que mal se equilibram na abóboda celeste,
torturados por movimentos espiralados
de quem quer vasculhar
as profundas do horizonte.
Há mesmo um tornado de luz se formando
que traga tudo que brilha
em seu turbilhão de infinito.

Apenas um cipreste resiste
(incólume)
com sua secreta sabedoria
de chama da morte.

Jardim do Asilo Saint-Paul

Tudo acompanha a desordem
que impera no interior do prédio.
Não bem o desequilíbrio —
antes a liberdade
(absoluta)
de invenção,
de recusa a qualquer padrão.
As árvores
estão contagiadas pelo vento
que sopra de dentro,
e as plantas crescem mais
que o permitido.

Só o muro é igual
e delimitador.

Auto-retrato com cachimbo

Já agora está perdido
de si mesmo.
Vem ou vai a um país de neve
(a Mongólia, talvez?)
— distante,
olhos forasteiros
orelha mutilada por baixo da gaze,
alheio,
ruína aquecida apenas
pelo halo da pipa
— esta (sim) viva na sua chama.

Parque do Arles

Mesmo em pleno inverno
o dourado obsessivo
não abandona esta tela:
estende-se pelo chão
onde se clareia (um tanto),
calcado pela neve recém descida,
e vai subindo pelos troncos das árvores
até alcançar a copa
(que se rende)
convencida de que suas folhas
ainda retêm a cor de outono.

Amigos encolhidos de frio
se aquecem
(uns contra os outros)
segundo a temperatura dos assuntos
no único banco.
Por fim
uma transeunte solitária vai abrindo
com sua pressa novas trilhas
(pela neve indecisa)
entre branco e marfim.

Igreja de Auvers

Toda ela estremece e reluz em matizes
que apenas o entardecer
(aliado à armação do temporal)
pode obter dos vitrais
dos seus tetos de ardósia.
Diante da ameaça
(iminente)
ela se ergue
(destemida)
organizada em torno da corajosa torre
— e desafia quaisquer forças adversas.
Sua agulha é a arma
com que fura as mais ousadas nuvens
aprontando-se para esvaziar
os firmes propósitos

dos céus.

A CADEIRA DE VINCENT

O mundo tosco e miúdo
das coisas humildes.

A cadeira de palha ainda se prende
ao milharal donde recolheu o acolchoado.
O cachimbo a acompanha
(na alegria vivaz do amarelo)
e traz a terra à boca
enquanto o tom mais moreno do fumo
alicerça com seus cheiros
o gosto do chão.

O fantasma de Vincent se regozija
prepara a pipa
e toma
(por fim)
assento.

VERGILIANAS

Talvez esta laranja me dotasse de uma atenção
vertiginosa,
tudo fosse entrando como sabedoria pelo corpo evocativo,
e cada gesto fosse depois
a íntima unidade deste Poema com as coisas.
          Laranja
apaixonadamente.

Herberto Helder
"O Poema IV"

VERGILIANA

Descansa comigo
sobre a folhagem nova!
Tenho frutas maduras, castanhas assadas,
fartura de queijo.
Ao longe um telhado fumega.

Nem de arbustos e tamarindos
os poemas se fazem.
É certo que assim verdejam
mas também em cinza se convertem.
Elevemos o canto: falemos da grande ordem,
da totalidade das coisas,
dos anéis de Saturno
do menino que há pouco nasceu.

Os meses correm:
úmido mel destilam as mangueiras,
heras vicejam sobre o mato,
vermelhos pendem dos espinhais incultos.

As Parcas os seus fusos correm
e a lã não mais imitará a cor:
o próprio carneiro, no prado,
vai transformar seu velo em púrpura
ou dourado açafrão;
já dispensam foices as videiras.

Alcêmo-nos para as grandes honrarias!
Um século há de vir em que o alento
torne o mundo poesia.

PÊSSEGO

No pêssego
vejo primeiro a forma
que atrai o tato e o dedo
para aquela sensual vertente
(entre as duas colinas ascendentes)
que lhe dá feição feminina
e gingado na imobilidade.

Depois
invade a minha pele
o calor do veludo envergonhado
que o fruto se esmera em disfarçar:
a penugem me arrepia
há um frenesi de cócegas na espinha.

Mesmo assim, peço ao pêssego licença
para ir mais longe
(lá onde começa o sol ou o coração)
e me ilumino só em supor que meus dentes
(em paciência de escavadeira)
alcançarão sua semente, seu osso, seu caroço,
a ponta da língua arranhando os sulcos
com que afunda mais para o imo
o espírito e o enigma da sua árvore imortal.

Chego a roçar o mistério com a saliva
mas todo o meu ser se suspende
diante da muralha de estrias
que se adensa entre o sabor aromatizado
e a pura inteligência —

o que oculta a urna?

Mil primaveras me esperam
se eu souber decifrar a contento
a chave que
(calado)
me instrui esse oráculo.

Confissões de um rabanete

Embora me vista com a cor dos bispos
e seja crucífero —
nem por isso sou católico.
Mais para Confúcio fui nascido:
significativa cabeça,
longas e finas barbas de meditação budista,
logo desmentida
pelo efêmero do meu ciclo —
por certo oco que me habita.
Não desmereço (entretanto) a ciência que expando:
essa carência de miolos teu cérebro socorre,
pois que dou ritmo a metabolismos
e (que, além disso)
heterodoxias pratico.

Do Oriente que em mim trago
(oh inconsciente profundo!)
guardo feições de robusto mandarim
mas (circunciso)
é, na verdade,
na linhagem judia que me filio.

Picante,
já fui aperitivo no Antigo Egito
(como ainda o sou de grilos)
e assim acalmo os deuses.
Que diga disso Apolo,
o luminoso,
de quem o equilíbrio imito
e a clássica simetria,
muito embora,
na entranhada terra,

Eros
(com sua desmesura)
me tente.

Couve

Entre o leque e a folha da videira
esta hortaliça ostenta o dom
de modelo predileto de imitação —
até para cantoneira
ela se empresta!
Mas pobre dela que nem seus hóspedes abana
e sequer nos brinda com licores...

Avessa às damas do teatro
e da sala-de-visitas,
só para a mesa guarda sua singeleza:
ah, pequenez de agregada —
aderente da manteiga,
cativa do feijão.
Sagrada (todavia) já foi na Grécia antiga;
se lavrada por pulgões,
um branco veludo escorrega
(oh prodígio de alta costura!)
o mosaico a plissa,
a traça a rendilha.
Nela,
sua elegia escreve
(já saudosa)
a mariposa.

Tecido, papel, tela.
Que mais pode ousar a couve?

FRUTO D'OURO

A Antonio Candido

Ele atua entre a maciez e o astro
— tomate:
poderoso rubi incandescente,
quente lua a se colher com dedos,
beleza ao alcance de dentes.

A aresta não o distingue.
Nenhum relevo de morango lhe atormenta a simetria,
antes, para a concha da mão se favorece,
como um seio,
tão-só robustez,
nádega macia de criança,
educado polimento.

Insetos pela sua alma se interessam
(cativos do proibido com que a cor lhes acena)
e borboletas nele se espelham
semeando escafandristas que sondam os enigmas de dentro.
Inútil incurso! Deles, nenhum regressará,
para sempre afogado no sangue benfazejo.

Sol —
entre ele e a terra,
distância:
o estaleiro executa
(com preciso traçado de forquilhas e taquaras)
antigo axioma einsteiniano —
anos-luz separam nossa ignorância da sua resplandecência.
Como entender que estrelas
ele de fato as contém?

Ah, essa exalação de mistério a prodigalizar
a boca que o trinca!

Melancia

Não sei se é de zebra
a pele que usa
ou se dum tigre.
Só sei que habitam o imo desse bicho-vegetal
(tal como à vaca da Índia)
trezentos e trinta milhões de deuses.

São seres do líquido
daquilo que reluta em não se encarcerar
e sendo que a isso acedem
exigem que transcenda
(para além do silêncio)
o movimento desse interno debater-se:
ondas, rajadas e faixas contrafeitas
a casca radiografa.

Embutida nas sementes negras
toda a falange divina quer se libertar.
A fruta dilata, elastece
(ganha estrias)
mal sustendo o vermelho,
cuja espuma movente abre minúsculas crateras —
canais por onde escorregam as divindades

que a boca
(ávida)
aguarda.

Gosto de pensar que
(ao menos provisoriamente)
meu corpo é o templo que as acolhe.

Espinafre

Ah, deixa-me rastejar,
colar-me lascivo à terra,
roçar sereno a arenosa e negra pele —
avassalar-me! Que só assim
reservas de candura e ferro
estufo em minhas folhas.
De quando em vez alturas
experimento
(quase à vertigem aflorando)
de modo a transmutar um tanto
o monótono horizonte
e relevos sinuosos atingir:
quero atrair teus grandes olhos sobre mim!

Julgas-me humilde, que bobagem!
Ninguém se fie em verde —
e ainda menos em se tratando de tapete.
De calmo lago te alembres!

Enquanto engatinho,
teu apetite (subreptício) engendro.
A fibra servil de meus delgados galhos
nas tuas pernas enrodilho
e (num segundo)
um frenesi de volúpia do teu corpo extraio
apenas com a idéia de (em volutas) escalá-lo.
Ah, como isso te amarra,
presa antecipada,
encipoada de desejo!

Portanto, já sabes:
não me olhes! Explico a contento
que o bote despejo antes que
(na mesa)
me ofereça.

SEQÜÓIA

Feita para durar
apenas o fogo a atormenta
e as saltadas veias
que no tronco vertical ostenta
(contrafortes da sua catedral)
atestam alta tensão
— receio.
Labaredas reproduz ela
na lenta maneira de se expor ao vento:
até se colore,
musa do ocre,
emprestando-se como sua companheira.

Inútil.
Ignóbil, ele ignora o parentesco
ou antes, o aprimora —
visto que a enlaça com fúria
obrigando-a a mostrar-se outra.

Hábil na sua fraqueza
com pachorra abre no tronco
secreta caverna
para acolher o vero aliado:
o tempo.
Morada para o eterno,
(gótico templo desse reino)
constrói a vida adensando o ventre
a gerar (perpetuamente) um ente
que empenha em reter em si —

talvez tesouro,
memória do que aprendeu em outras eras
(em Atenas ou com romanos):

segredos amorosos de antanho.

MAÇÃ

A maçã na mesa: pomo da discórdia.
Abuso da minha inteligência
porque quero conhecê-la com dentes,
escavá-la até a longínqua estrela.
Saliva a saliva
procurar-lhe nomes,
no afunilado umbigo aprofundar a língua.

A presença hierática pede respeito
mas profano-a:
tenho de escolher entre ser
boa ou má,
quebrar a dormência — que não
para bela adormecida fui nascida!

Ouso, caio,
começo de novo o mundo,
exilo da fruta o sabor do amor celeste —
sou (por fim) mortal.
Já agora quero a brilhante, a vermelha, a do poente
e nem Ládon (o dragão) ma impede,
neste jardim de Efemérides —
se não é do pomo d'ouro que me socorro!

Debaixo da macieira
(ah dourada mediocridade!)
a sombra saboreio da vida ufana.
Não aguardo, com Arthur,
que os cavaleiros me livrem
do jugo estranho, e nem vou
(a pé, com Merlim)
aprender mágica no pomar.

Quero conhecer o mal e suas ramas!

UVA

Sou coletiva.
Ninguém pensa em mim senão em penca,
em ávida febre compartilhada boca a boca.

No entanto,
(místicos e ébrios o sabem)
natureza solitária guardo.
Baco, ele mesmo, está para sempre acantoado
num dos pólos da cultura —
desacompanhado!
A evoé responde o eco
e (só)
sobre o altar
o cálice se suspende.

Eu sou pudica:
talvez por isso Noel
(na arca) me incluísse.
Aliás, as partes nobres se ocultam
(depois dos gregos)
com folhas da minha parreira —
eis como compenso os desatinos
com que atiço os caros afeiçoados.

Se me podam,
músculos aparento no corpo
e já se sabe por onde te reteso:
há uma cítara enlangüecida na videira.
E, então,
não canto extenso como nas manhãs morosas,

mas em hiato —
como canto agora.

ORQUÍDEA

Ter sardas é a marca registrada desta fada.
O que não afeta sua beleza
antes a favorece
e acrescenta naturalidade
à maquiagem feita para enfeitiçar: a baunilha
é uma orquídea.
Pobre da aranha, do mosquito, da vespa, do zangão
e da abelha! Imantados pelo néctar que os guia
ao corredor aéreo
(armadilha: balizas, pista colorida, estrias)
onde aterrissam direto para o sexo
(território de pêlos envolventes, forma, odor, tato, cor)
— embebedam-se ardorosamente
e copulam com a flor.

A bela e sedutora dama (no entanto)
tem raiz grega masculina.
São de testículos as grossas desinências
que convertem essa filha do ar
em ser do chão
— depois de muitas acrobacias
(a perseguir incessante o sol)
conforma-se com seu murcho simulacro:
um fungo — o reles cogumelo!

Também se tornam cópias
de si mesmas — mas com vantagem.
Macho e fêmea (sempre vamps)
jamais deixam de atender pelo nome de
Vênus.

Estrela-guia,
ensina-me o fascínio da tua androginia!

Alcachofra

Não é em altura que seu arbusto
se ombreia com o pinheiro:
é pela fruta.
Íntima amiga da geometria,
do pinho tão-só se distancia
pela recusa à agreste armadura.
Nenhum lampejo de indiferença
machuca-lhe a vestimenta:
antes a luz emprega no fabrico da alma tenra
(que lateja),
parente do alegre bem-me-quer,
do espelhante girassol.

Pertença da floricultura e da boa mesa,
ornamenta o paladar
com a lembrança das nascentes:
não são de lâmina as escamas,
mas (degustáveis) dádivas mediterrâneas
dispostas no coração em tranca.
Apenas pequenas setas mantém
(em íntima contenda)
a provocar torneios entre língua
e dentes.

— Cota de cavaleiro andante,
em que terna demanda atuas?

BANANA

A Hernâni Donato

Fruta que em cachos pende
(cuidam as gentes)
que fora ela a agente da cruel serpente.
Santa Rita Durão (com tal repente)
torna Adão cidadão americano,
e destrona dos trópicos paradisíacos
a maçã, o maracujá, o figo,
em prol da banana (nanica, prata ou maçã,
da terra ou pacovã).

Ah, eis por que Eva
deixou-se (tão fácil) seduzir:
sexo!
Muito embora (corrobora Plínio)
tenha nutrido os sábios da Índia
— a árvore da ciência do bem e do mal
(sabe-se!)
sofre eterna pela irreverência:
ao brotar o cacho
(que começa com o mangará)
geme como mulher em parto.

E não é pra menos: quando estéril,
só se fecundou pelo abraço
dum homem...

Sabor íntimo e voluptuoso,
libertário e obsceno,
tem impresso na sua carne
o paradoxo de origem,
litania de deus e do diabo.
Porque, sendo fálica (e pecado)
a fruta (mesmo assim)
guarda no ventre um prodígio:
o crucifixo ou traços
da Virgem Maria com seu filho nos braços.

O dedo de Deus anda por toda a parte!

Receita hermética

Oh heróica berinjela,
que mares atravessas
(em sentido contrário ao dos lusíadas)
apenas para aportares à minha mesa!
Em fechada e roxa urna
(desde a Índia)
o caminho marítimo
na contramão descobriste.
E ínvias cartografias
refazes agora nas revoltas ondas do meu forno,
onde santelmo com seu fogo atua.
Cuida que à tua caravela não soçobrem!

Abri-te em duas barcaças
para que (melhor) navegasses.
Destruí, dentro de ti,
a maldição do mar imóvel
(Adamastor em culinária posto)
e, em brando atanor,
massa e sementes refogo.
Devolvida em camadas, ao ventre vazio retorna
(*solve et coagula*)
tua mesma natureza —
tripulação de lavra própria
ostentas.

Queria-te para barcarola
e indigesta me saías.
Mas galgar mares nunca dantes navegados
resulta em insólita gesta

ou ridícula epopéia.

MANGA

Ela está sobre a mesa —
nua
e fechada em si
como uma urna.
O elegante perfil convoca outras formas
para torná-la única:
pera, pêssego, abricô — o coração, afinal,
de onde irrigam a candura
e o aceno para afagá-la com duas mãos.

De modo que a boca quase treme
(hesitante entre beijá-la e mordê-la)
quando dela se achega
sem saber se se entrega ao domínio do cheiro
ou à volúpia de lambê-la —
mesmo antes de (com unhas)
fender-lhe a pele vermelho-verde.

Ah, sulcar a carne macia com o arado dos dentes
deixando que neles se enrosquem os cabelos
que a fruta
(aflita)
não pode conter diante do torvelhinho dos sentidos —
do cataclismo que o desejo encena
no afã de conhecer-lhe o rosto!

Sôfrego, salivo abocanhando a polpa
(esse manancial de sucos que me lambuza,
espirra, goteja e baba)
que chupo exaurindo a fonte dos deleites
dessa mulher que
por fim consentiu
(pudica e fogosa)
de a mim se entregar.

Nenúfares

Buda senta-se na folha de lótus
a meditar sobre nós: deus e homens.
Uma flor branca e sagrada eclode
dessa palma plantada à superfície d'água
e indica que o tempo eterno se estende
para além das correntes, a salvo —
no abrigo do guarda-chuva invertido
onde Siddharta alcança o nirvana.
É que o perigo vem de baixo
e não do alto - não dos ráios do céu.

No seu modelo de sombrinha,
a Rainha Vitória nem chega todavia
a usá-la sequer como balsa própria.
Mesmo assim a planta da Amazônia
atravessa o canal da Mancha
apenas para (virgem)
descobrir-se e fazer-se adotar pela soberana.
Compreende-se então por que
esta régia senhora teve em mente
tal flor:

perfumada e pronta para o sacrifício,
de noiva vestida ao cair da tarde,
pelo escaravelho (que se entrega
lascivo à pilhagem)
ela se deixa penetrar.
Em troca encarcera-o em orgias
e (estóica, durante toda a vigília)
brinda-o com pólen e mais pólen.
Sua alma, perfume e cor
partem com o usurpador
e vermelho fica o branco
da tanta dor que o pecado lhe impinge.
Sabedorias de rainha:

a fim de assegurar descendência
não se importa de
altos tributos pagar aos bárbaros.

Abacaxi

Parece vir da aurora de antigos reinados
este senhor dos frutos —
pela própria natureza coroado.

A grossa crosta belicosa
defende contra as sedes do mundo
a polpa fibrosa e doce —
clara como os lugares onde Deus
deposita sua lembrança
e sabor.
Por isso o fruto levanta orgulhoso
a arquitetura vegetal como um gêiser,
como um cálice —
fonte que jorra a sua brandura
de baixo para cima (para o alto)
abrindo-a em pétalas de uma flor
lindíssima e difícil
porque cavada na pureza áspera do espinho,
da serra que maltrata e cinge o ar.

Cada um dos pequenos losangos dessa malha
de cavaleiro andante
lembra um espelho onde o tempo se mirou e se ruiu
— mosaicos da construção de um culto,
traje multicor de um arlequim que esconde
o buda habitante das inefáveis entranhas.

Aromas e sabores ondulantes,
movimentos rumorosos nos dentes,
textura vulcânica, inumeráveis penugens
— tudo se desprende dele
(contraditoriamente)
a atestar a dupla e pura natureza

de ouriçada doçura.

Cebola

Gosta dos dias longos
esta milenar senhora!
Memorialista,
enrodilha-se na lembrança das próprias folhas
em permanente esforço de perpetuá-las.
Preferida dos faraós,
deve (por certo) ter inspirado a técnica
em que se eternizaram.

Objeto arqueológico de todas as idades,
esta esfinge
foi dita em sânscrito, persa,
latim, grego. Guarda por exemplo
(em gravidez poliglota)
a nostalgia do antigo lar egípcio,
a travessia do deserto, a ausência da mesa,
a carência de alento —
o fundo pranto hebreu que ainda hoje
(inadvertido e fortuito)
compartilha
com quem lhe devassa a alma.

Percorrer com faca teu ventre sagrado
é topar com inscrições inauditas,
passagens secretas,
falsas portas,
inesperadas relíquias.

Que apenas a maldição que eu mereça
recaia sobre mim!

MORANGO

Mal sei disfarçar o rubor que me invade
sempre que do coração me valho
— e (no entanto)
essa é a minha cor
esse o meu formato!
Mas é contrafeito
que me deixo apaixonar:
como ser correspondido
sem flexão de gênero?
(Aliás, já adianto:
nada me diz menos respeito neste mundo
que a infausta, desajeitada e dúbia
moranga-jerimum).

Daí que sangue possua por fora
e anemia por dentro,
mudanças devidas ao meu próprio temperamento,
ao meu perpétuo tormento.
Quanto mais solitário
mais se aprimora
(no sofrer diário)
o meu tom,
suculento e aromático.

Parente sou da cereja,
da amora e framboesa,
do pêssego e da ameixa —
frutas em extremo sobejas.
Todavia, não te equivoques:

degustas na minha doçura
as chagas e os remoques
de um peito só de amarguras.

Girassol

É por capítulo
que narra a saga de seus antepassados,
em presença unidos
no mesmo tapete alado.
A triste sina de Clítia
(na Grécia Antiga),
as auras divinas da cristandade,
o diadema de reis, imperadores
— todos agora em republicano convívio
no disco sulcado por abelhas operárias,
incansáveis no louvor
a tão primoroso sistema solar.

Contemplativas,
as pétalas propiciam por sua vez
que à autoria (desse livro) se atente:
mais de mil flores trabalham em segredo
para o alcance de tamanha beleza,
dotando-a de uma luz móvel
que tudo clareia em volta —
exceto sua própria órbita.

Dizer dele espelho é erro:
descartem-se platonismos!
Proponho (com carinho)
— magnetismo.
O que talvez explique a perene fidelidade,
o caule em flexão,
o impasse que lhe mescla o enredo:

pois que oriundo do Ocidente
é ao Oriente que almeja.

Carnívoras

Urnas, bolsas, tubos, conchas
estratégias do odor, da forma e cor —
bélicos artefatos sado-masoquistas
das mais antigas damas do terror.
Hermafroditas, bastam-se a si próprias,
mas assim mesmo buscam hóspedes
a entreter a fome que em nada esgota
sua dúbia natureza animal e vegetal.
Paleocenas da era terciária,
métodos retrógrados possuem
de eficácia predadora:
atraem, retêm, encarceram, tolhem,
assassinam, mastigam, engolem
imprevidentes inquilinos.

Vaso de sol, jarra de luz,
ampola, funil, ânfora,
vagem, tentáculo, espátula
(até o refinado leque)
tudo serve de gangorra
para a boca chamariz das canibais.
Há bíblis, a incestuosa,
que alguma generosa benfeitora
transformou em fonte. Há nepente que,
se lembra serpente pela falta de misericórdia,
será piedosa com solitários:
em luminoso frasco retém
bebida mágica contra desalento e mágoa
nos quais Homero foi tão versado.

Há aquelas que jogam com raquetes, rosetas,
chicote de estrelas;
outras atiçam a língua bífida para as vítimas;
umas abrem o coração — o calabouço,
o alçapão, a cisterna,
escorregadias pistas de pouso para o limbo,
dentes brilhantes sorrindo nas bordas.

Elegantes, aniquilam-nos
com deslumbres tropicais:
reflexos e revérberos do veludo
que antes usaram para acarinhar.

Quiabo

Há quem me julgue mal
apenas porque babo.
Há quem de mim se atraia
(ao contrário)
porque toma como patente
a parecença que guardo.
Por sim ou por não
atesto que desse jeito estremeço
jovens e pudicíssimas donzelas.

Meu fino cone
(caviloso)
longas unhas de moça imita
e rapazes me apreciam
também por isso.
Pequenos túneis
carregados de semente
podem fazer crer que
tenho muito a oferecer —
quem sabe até respingos daquilo
que permitiu a ti
ser gerado.

A penugem que me recobre
obra em prol do carinho
que posso doar
ao doce tato.
O roxo
(no centro da minha flor)
torna mais notável o amarelo
e singelo o toque —
prefigura o gosto
com que me libarás.

De modo que estou sempre pronto
a fecundar cada paladar —
seja com asco (no sabor)
ou com louvor,
já que

sou liso como o diabo!

MARACUJÁ

A Alfredo Bosi

Em funâmbula procissão sobre
o arame farpado do caramanchão,
a trepadeira desbasta o ar
e perfura-o com a promessa
da infinita doçura. Em cortina,
acena-nos com sombra enquanto
engendra (sub-reptícia)
o filho —
encarnado mistério
(morfina e sumo)
que só as alturas propiciam.
Que dogma o explica?

E eis que o andor se abre
— esplendor!
Concha, franja, estrela, esponja,
(via sacra da beleza)
uma paixão encerram em ouro,
branco e roxo.
Não é possível conhecer de perto a dor
porque extasia, rende os olhos
ungidos do martírio! E no entanto
há cravos, chagas. Há mesmo uma coroa a laurear
o milagre que propaga o mangangá
na sua cega fé de catequese.

Apertada no cadre
transubstancia-se
(ao sétimo dia)
em fruto a flor.
Redime a espera.
Compensa com todo o gosto
o tormentoso infortúnio
de ter-se (por segundos) suposto
pelos céus desamparada.

Verde pino

Esta embarcação, lenho flutuante,
(desde seus primeiros conluios com o vento)
ninguém a supera veloz.
Não lhe negam tal fato
o Cabo das Tormentas,
as costas d'África,
o encapelado Índico,
e ainda menos
aquele cultivado paraíso
onde dantes (no cimo de um monte)
fora floresta frondejante —
silvando pelas ramagens.

Sobre as ondas dos mares
tem empregado os ramos,
galgando outros cumes,
abrindo-se em flores de outro pino.
Rege-a
(com suas Cantigas)
Dom Dinis, o Mestre,
quer a brisa a chame para seu solo primevo
ou para ti,

aberto oceano.

Romã

Meu nome lembra Roma
e o *urbi et orbi* a minha forma.
Sou real (eis a coroa)
e as sementes que exibo
(profícuas nesta colméia)
provam quanto próspera sou.

Em sarcófagos,
antigos e ambiciosos egípcios
me levavam consigo.
Mas (bélica)
venho da antiga Pérsia
e dela (nativa)
represento perfeita
o moderno Irã.
É lá que explodo em estilhaços
e o versátil talento
de quem nasceu assim farta
se entrega (então) ao hostil,
ao medonho litígio étnico —
ao extermínio.

Certo é que me recrimino
quando (a contragosto)
em mim reencontro
o mesmo vertido sangue
que (mineral) ornamenta dessa feita
a ampla cabeça dos tiranos.

Mulher de tantos enganos
deixo a ti um convite.
Se queres saber quem sou
não me evites!
Prova dos meus quejandos,
aprende com minhas pevides:
decifra de Proserpina o enigma —

metade da vida no Inferno
apenas porque comeu
sete
dos bagos meus!

ABÓBORA

Despojo-me de tudo quanto tenho
para a tua boca salgada ou doce:
cambuquira, massa, semente, fruto.
Até outro acolho em mim,
ramo duplo das artes.

Bandolim? Violão?
Para meu desconcerto,
abelhas afinam-se no fundo diapasão da minha flor,
na zona mais erógena;
e então, ah, com que cócegas me torço em vivos contornos,
e cresço, esculpindo curvas,
a cor exalando túrgida a úmida temperatura
do meu mistério gozozo:
íntimo encontro do delgado pescoço com quadris —
coito.

Concórdia de contrários,
senhora das duas naturezas
(andrógina)
ainda assim rastejo
— menina que sou! —
a entregar-me ao gosto da lagarta-rosca

e das brocas.

Coroa-de-cristo

Que estranho sigilo cinge
(nesse religioso vínculo)
a coroa-de-cristo à herbácea
mais conhecida como barrabás?
E por que buscar
— justo na Bíblia —
subsídios para tais leitosas seivas,
sempre venenosas?

Culpa, infortúnio, pesar.
Todavia cura a cútis do Rei Juba
o látice dessa espécie
a que Eufórbio tem jus.
Mas já antes da era cristã
feiticeiros usavam-no
nas flechas ao inimigo —
para matar, cegar
ou eternizar a vida.
Combinado com leite de cabra
e resina de sandragão
essa emulsão embalsama corpos...
e heterodoxias:
eis outra de suas designações patronímicas —
sapatinho-de-judeu, sapato-do-diabo.

Só sei que nem a cerca-viva do avelós
(de litigiosos galhos cilíndricos esculturais)
consegue dividir a contento a própria família.
Para bem ou mal, de um lado os místicos;
de outro (a fauna) os ramos crescentes da crista-de-galo,
do bico-de-papagaio e
do rabo-de-gato.
Sem lembrar os confundidos cactos —
suculentos gomos denteados
bordaduras de espinhos
(defensivos)
a machucarem os dedos daquele
que se atrever a pôr ordem no terreno.

Como explicar (sem incesto)
que os dois-irmãos são bem-casados
e (sem preconceito)
que a coroa-de-cristo é o perverso

colchão-de-noiva?

Pimentão

A memória do poeta Luís Carlos Guimarães

O nome soa (em alto grau) picante.
A ludibriá-lo,
o legume convoca o paladar para o doce,
engendrado no amarelo, verde ou vermelho —
gamas versáteis de uno e generoso gosto.
Surpreende, a quem o aguarda,
com a estatura de fruto
e neste (aliás) se revela
no forno, na salada, no tempero,
sem qualquer desvantagem para a sua natureza
— pois que
(para tanto)
foi criado.

Arbusto, nada tem do superlativo que
(por derivação)
lhe é conferido:
esses produtos são ocos
mas sem pretensões retóricas.
Ingênuos,
fazem inveja à maçã, à laranja, ao abacate,
porque apenas se nutrem do que não têm.

Cone
é forma que convida à mordida
— informe que
(já de nascença)
toda criança retém.

Nunca teve você ganas de experimentar nele
o úbere da terra?

Alho

A túnica que me envolve a cabeça
é de cera,
faz fugir insetos,
deixa incerta minha figura —
cria sortilégios e mistério.
Mas se mostro os dentes
(e só assim sou benéfico!)
assusto morcegos, capetas
e serpentes.

Povos avançados do universo
um dia me depuseram na Terra
(antes do Dilúvio)
— por isso o vulto possuo de testículos,
da bolsa que
(por legítimos meios)
inventa a maravilha curática
para qualquer tipo de anseio.

Loucos? Frenéticos?
Impotentes? Enfeitiçados?
Cru ou aferventado
virtudes exalo para cada cuidado.
Vampiros me evitam,
vermes me temem,
assombrações e escorpiões se pelam —
tudo posso contra seus eflúvios!

Mágico e afrodisíaco,
transito há séculos entre hindus, árabes e egípcios.
Sendo da Sicília nado
— sou (por isso mesmo) perito em maus olhados
e jamais confundido com bugalhos.

Meu forte odor
(que faz furor entre os carentes)
me afasta, afinal, das gentes.
Nem dentro de uma réstia
me entendo comigo mesmo

— alheado...

BAOBÁ

Eletrocutada por obscuro medo
esta árvore (paisagem da estepe)
retém nos galhos apavorante gráfico:
raios da borrasca.
Ou será antes (conforme os árabes)
o diabo
que invejando-lhe a magnificência
feroz a arranca do solo e inverte-lhe a natureza —
ramos no chão, raízes no ar?
Estimo que apenas a menção desta crença
tivesse eriçado para sempre seus cabelos,
muito embora seja diversa a estética que a rege —
matéria de entendimento
só de morcegos...

Ao contrário do Pequeno Príncipe
esses parentes de vampiro
querem tê-la em seu planeta.
Na barrica intumescida do tronco
cavam extensa caverna;
e debaixo das fibras
(na cabaça do lenhoso fruto)
secreto e promíscuo vínculo
andaram celebrando com a finada flor.

Com tal profissional da noite
(branca, grande, do caule pendente —
plágio deles)
entretiveram sonhos de aroma:
o cheiro forte da raposa, do leite azedo,
do peixe, o odor da couve quente —
tudo o que (para quem tem má vista)
o esperto estame sintetiza.

A cada um o seu próprio.
Mas onde encontrar na bela e casta musa
o Nosferatus que a seduz?

Todo amor tem sua cruz.

JACA

A Oswaldo Lamartine

Nela reverencio a indumentária
que traz de tempos imemoriais:
a blindagem de animal pré-histórico
(avesso à carícia, ao toque recolhido)
— aristocrático!
Relevo de cerdas duras,
acidentes geográficos, minúsculos lagos,
protuberâncias (por certo vulcânicas),
carrega no seu couro —
lembrança da terra inóspita de origem.
Ah, como se protege!

Insólitas linhagens a aproximam
(no que ambas têm de urna)
talvez à tartaruga,
mas as pequenas cristas do heroísmo
(por todo o corpo erguidas)
a família dos sáurios indicam
como o ramo mais aproximado —
raiz certamente adjacente
na extensa mataria da história natural.

Para que garras,
quando se tem visgo?
A fruta se defende com o ataque alheio
(no arcaico estilo das lutas marciais):
se os dedos seu escudo fraturam
(antes mesmo que alcancem
o que promete o perfume)
o látex faz deles sua presa
— passarinhos agoniados numa iminência,
chafurdados na vertigem da luz nascente.

Amo esse mistério, essa desmesura,
todo o aparato bélico
com que aferrolha os úmidos refrigérios:
seu hímen de doçura.

Figueira

Ligada a Ceres, Juno, Réa, Saturno,
(verdadeira encarnação de Syke)
a Baco pertence esta fruta
que na Bíblia se colhe e come
tanto quanto em Homero.

Buda conhece a luz sob a sua sombra.
Rômulo e Remo são ali paridos.
Judas se enforca do mais alto galho.

— Árvore do bem e do mal,
competes
(em bifurcadas ramas)
com a macieira,
mas só tu a tudo ajuntas.
Debaixo da axila das folhas
asilas (secreta) teus testículos —
figos que um látex porejam
a testemunhar ao mundo
o fecundo ritmo infinito.

Fruto preferido do Olimpo,
teu rebento é imortal,
embora seja a mão humana
(e não a divina)
aquela que a tua folha

(inocentemente?)
imita.

DIONÉIA

Com as mãos em concha te acolho,
hóspede almejado,
para deslizares pelas minhas palmas
(meu texto)
rente aos pêlos que sedutores te roçam
no antegozo do meu irremissível poço.
Capturadora de alados,
no trajeto em que pouco a pouco te engolfo
(enquanto fecho a minha ostra e em breu te envolvo)
favoreço-te com água e luz intensas:
companheira de Zeus, mãe de Afrodite,
eis porque luzente e lúcida sou dita —
afrodisíaca.

Dos folguedos do Amor, mestre anciã,
conheço-lhes decor toda a ciência: passeia-a
por herança a Vênus. Flechas de neto meu são os
espinhos - as cerdas com que então te brindo
enquanto deslizas prazeiroso pelos líquidos
que fabrico para a nossa mútua orgia
— a fim de que ali leias
a festa, os sortilégios.
Ah, doces percursos, trilhas de açúcar,
redemoinhos, limos, línguas, gatilhos,
sugadores, garras, nervuras, cera —
manteiga!
Te conduzo viscoso à voragem,
ao fundo do despenhadeiro
ao incomensurável —

à morte,
a mais sublime,
porque fruída em ais de orgasmo e de deleite.

KLIMT

Seja celebrada a alegria nas alturas
por cima dócil das mulheres.
A cavalo melhor se chega ao céu.

Carlos Drummond de Andrade
"Chagall - Duplo retrato em copo de vinho"

Gustav Klimt

Olho as senhoras burguesas,
entretidas que estão
com o serviço de chá
a recepção —
uniformes masculinos.
Como são cativas
da paisagem doméstica
que lhes dá decoração! É dela que recolhem
seu pisar no mundo.

Ah, os dedos! O que na imagem
não tem nervos
naqueles se carrega em sentidos. Estorcem-se
em gestos lânguidos. Contorcem-se
na indiferença. Apertam-se
a evitar o indelével prazer —
vigiam-se, ostentam displicência,
se ausentam:
apenas figuram.

Só nas mãos a vida se infiltra
e palpita por algum anseio,
perdido na profusão dos estofos
e do luxo.

ESTUDO PARA UM RETRATO DE SENHORA

Ainda nada se sabe a respeito dela
— salvo que é etérea
e que sustenta os mares com os olhos.

Incompleto,
o estudo nenhuma coisa adianta sobre vagas,
de modo que
(ignorante)
permanecerei para sempre
sobre a dama de verde.

JUDITH

Transborda elegância e requinte —
seu respirar exala ondas preciosas
enquanto a boca desafia o espectador
a descobrir
onde se esconde o ouro.
As indumentárias
tingem a paisagem circundante
que não escapa
(assim)
a seu fascínio:

de joelhos,
todos se rendem
(submissos)
a seu ardor, à força que no corpo vibra
apenas para que ela continue a imperar —

mulher!

ONDINAS

Habitantes das ondas
parentes das uiaras
irmãs das sereias —
como escrevê-las?
Por gotas
enxurradas
por palavras pingadas que,
afinal,
cantem e extasiem?

Deixá-las ao silêncio das correntes submersas,
sua morada —
é como hei de escrever.

JARDIM FLORIDO

O jardim
é uma tela pontilhada de cores,
comunidade que se enrosca
e caminha
cada dia mais
para a beleza. Neste caso,
se alça
(como uma torre)
em busca da luz,
catedral construída pela tênue gaze de arabescos,
campânulas a estremecerem
sob a vibração dos ventos,
música audível
apenas
para quem se ajoelha

sobre a terra.

PALAS ATENAS

Vestida como guerreira
ela defende as artes de qualquer intempérie.
O tempo não é inimigo
nem os lúcidos deuses
nem os incultos homens.

Mas Palas está Atenas,
atenta contra o mundo surpreendente
de qualquer milagre
que
(bruscamente)
se arme contra suas convicções —
contra a sua beleza
(esta, esconsa, misteriosa,
penetrante como gume):

único instrumento de que dispõe.

Retrato de Adèle Bloch-Bauer

(I)

O colo nasce do ouro.

No rosto
os olhos não parecem ir além do metal
enquanto
(sinuosas)
as mãos se evadem dos
olhos-de-peixe da indumentária
— único alento do quadro.
Procuram apoiar
(com sua inflexão)
a realidade,
mas apenas a resvalam.

O vestido continua seu ofício
de dar movimento ao corpo
de modo que desce e sobe
— indefinidamente.

(II)

Uma têmpera sem ornamentos
(um tanto empedernida)
ressalta da sua vestimenta
monocórdica e severa.
Nenhuma alegria lhe toca os olhos
abertos para sempre.

Castelo Kammer

Lugar para se esconder e se achar.

Árvores esculpidas
pelo vento viciado em soprar
só de um lado. Água pronta a receber
qualquer imagem. Há um castelo
submerso,
aquele que foge ao sol. O lápis das torres
se aponta para rabiscar o céu.
O chalé ao lado
é o mais cativante aconchego.

Tudo em silêncio.

Consumação

Tão bom estar assim nos braços um do outro!
Ela descansa sobre ele
que descansa nela,
cada qual feliz
por poder suportar
a ternura alheia
— tão mútua.
Transcende deles uma paz que rende o universo
e acolchoa o peito dos amantes
— que suspiram juntos
ritmados
soprando a mesma asa

que os há de aportar ao sonho.

Retrato de Margaret S. Wittgenstein

Ela é feita de glacê
e só posso pensá-la com a língua.
Experimento
seu vestido branco
tateando a maciez
e busco não esquecer
que de cobertura de bolo se trata.
Seu colo perpetua a espuma iridescente do tecido
e apenas cabelo e olhos destoam,
ao mesmo tempo que ensinam o edifício:
são seus sinos, sua torre. De longe
a figura se ergue como um pico na montanha
algo que nos incita
(gustativo)
a escalar
e cujo perigo

pode nos engolfar com neve.

AS AMIGAS

Aquela que se insinua
ama
a indiferença da outra —
fidalga, vestida
e protegida contra a sua alegria.
O gato é um dragão?
Algumas flores picotam sua beleza lisa,
abrindo o pássaro negro que está no alto
e em baixo: no seu sexo.

ALÉIA DO CASTELO KAMMER

O enlace das árvores
(galhos em cumplicidade,
em afagos à procura da luz)
— faz desta alameda
a mais aprazível sombra a percorrer.

Assim
entras na morada
antes mesmo que te abram a porta
e desde então já sabes
quanto te quer bem
o anfitrião. O vento
(sopro de Van Gogh)
retorce em felicidade os troncos:

o amor também tem curvas.

Retrato de Mäda Primavesi

A adolescente desafia o pintor.
Mostra como é impossível retratá-la lá
— onde ela se sabe. Em contrapartida
as tintas se desviam dela, grafando apenas
o que deixou para trás:
brinquedos, máscaras de um carnaval recente,
bichinhos de estima,
flores dum tapete natural que
(aliás)
pouco a pouco escalam seu vestido
e lhe invadem o seio.

A VIDA E A MORTE

De um lado
inumeráveis seres
numa procissão que jamais finda,
porque eterna. De outro
ela
(a única
a inolvidável
a perene)
espreita para dar o bote
com seu cetro de monarca da vida.

Volumes densos
ambos os monolíticos

e uma grande solidão arrodeando tudo.

Retrato de Emilie Flöge

Mangas e gola
auxiliam a escalação do arco-íris,
borboleta suspensa
sem outras metamorfoses que a da sua própria leveza.
Por isso se encosta sobre a palha, sobre a paina
sobre o tempo
— que não amarelece
mas doura. O corpo
se cobre de olhos
(cauda de pavão)
que nos espiam no momento mesmo
em que ela oscila
alçando vôo.

A DANÇARINA

Seus olhos pequenos,
estreitados pela argúcia
que tudo abarca,
examinam os arredores
pairando (suaves) sobre o carrossel
em que (graças aos volteios)
a paisagem se mostra.
É antes com a vista
que com o corpo
(fino, delgado, pulsante)
que ela dança.

ÁRVORE DA VIDA

Ela se expande
apenas na medida em que volta para si
(num pequeno turbilhão espiralado)
cada um dos seus muitos braços.
Habitam-na símbolos de todas as eras
mas apenas um pássaro,
alongado,
emplumado e heráldico,
se dependura sobre a gruta dos seus galhos
como um umbigo
(o nascedouro)

como o lugar secreto de onde a vida se irradia.

Retrato de Serena Lederer

Espiritualiza-se ela em
vestes hectoplasmáticas: nuvens e atmosfera,
curvas etéreas. Apenas
a ponta dos dedos sustenta
a existência da gravidade de um corpo
(como o dela)
flectindo-se no ar.
Presença esbatida no fundo perspectivo,
o rosto
(olhos, boca e cabelos)
alarma o nascimento de uma luz outra:

a da inevitável condição humana.

A MÚSICA

Flexível como a corda que a tange
ela vibra. O leão aprofundado no instrumento
espera o momento certo para saltar —
que é quando se casa o sopro
com as cordas.

Tudo lhe há de lembrar a floresta
o som do vento
o riacho quebrando-se
a flecha que o espera para segui-lo
sem, contudo, nunca o alcançar.

A música é para ouvir e lembrar
(sobretudo)
o jamais vivido,
o que não teve memória.
Mesmo o monocorde das cores
não impede a passagem do que silva e se alça
— como por encanto.
Daí seu fascínio,
a mágica a perscrutar
(nas nossas fibras)
a ressonância que a funda

— apenas a ela.

RETRATO DE HERMINE GALLIA

Sua beleza só se monta
através do vestido —
do qual não pode prescindir:
ele explica as cascatas de rendas
os vendavais de tules
as ondas de plissados que nela operam,
insubmissos aos olhos e ao rosto,
tão calmo, tão seguro,
quase mimoso. Do branco ao cinza,
do cinza ao azul celeste
mas em tempo de tempestade:

é assim que se pode lê-la.

DANAÉ

Ela se abre para se recolher.
Lábios atentos
olhos fechados.
Perscruta-se a si mesma

ou sonha com alguém?

Ela se aninha
para estar sozinha
e retirar
(de si)
o ouro.

Fazenda na Alta-Áustria

Agora
a casa nasce tal qual a árvore,
enterrada —
raízes profundas,
entranhada no chão.
O parentesco entre ambas
é germinal: suas paredes são troncos,
suas janelas espelho.

Retrato de mulher de frente

De tanto esperar pelo meu olhar,
enrubesceu. Aguardou-o
anos a fio
mas emana dela ainda
a mesma timidez
igual esperança. Há
(quem sabe)
uma indagação impossível
na boca rubra e natural.

A aura do objeto
mistura-se a seu cabelo
como se a existência
tivesse transcendido o momento
em que por certo nos encontraríamos.

Malgrado estar eu aqui —
tudo nela ainda espera por mim.

Mulher com chapéu e boá de plumas

O aparato de elegância
tem por fito dissimulá-la. Ninguém
a enxerga por baixo da beleza negra das peles
das plumas
das volutas com que se camufla. Mesmo os cílios
(de tal maneira frondosos)
diante do espelho
lhe toldam
(até mesmo)
o olhar.

JARDIM COM GIRASSÓIS

Os astros amarelos
vigiam a luz do jardim. Às vezes
fantasiam-se de guarda-sol
e protegem as caçulas miríades
(as mais miúdas)
ou afastam-se um tanto
para abrirem clareiras às menos afortunadas.
Mesmo as afeitas à terra
(às quais qualquer afastamento do solo é penoso)
se esticam
e se arquejam
recebendo beleza.
E tudo se acha perfeito neste pequeno

mundo sideral.

Retrato de Fritza Riedler

Estas senhoras têm a mania
de fundirem-se com a paisagem,
muito embora o olhar,
as vestes, as mãos,
a bijuteria
se esforcem por se
desembaraçarem daquilo
que (de verdade)
as atrai.

A NOIVA

Ela passa
(no mínimo)
por dez camadas de felicidade indivisível,
situadas entre a nudez
e o esplendor das vestes coloridas —
e isso porque o quadro é inacabado:
e assim é
certamente pela convicção de que a alegria
não se conta, o gozo
não se enumera.

O que eleger como primeiro?
Que face apontar,
que estágio da vida referir ao único noivo?
A ele —
tão pouco para o que há nela de plural?

Villa Attersee

Constrói-se a casa como a um jardim:
seus muros são folhas
seu telhado arbustos
suas portas flores. A tela
é imensa primavera,
saltitante de matizes,
de botões que pipocam
para fora
da moldura.

Retrato de Eugénie Primavesi

As flores que ela parece ostentar no nome
transbordam em tudo que a rodeia
— menos nela. A sisudez de outra estação
pode enregelar seu sorriso
seus dedos
seus cabelos domados.
Onde a mulher da primeira vez,
a primaveril de então?

Campo com papoulas

Massa verde invadindo a vista,
o campo parece unívoco
se dele não saltitassem
infinitas pontinhas de existência
em cores pontilhada
que se alçam
(da raiz da paisagem)
até o cume dos ramos,
mudando o nosso tato
o nosso odor

— a nossa vida.

Retrato duma dama

Vestida de carnaval,
sua alegria se espalha para além dos poros
e transborda,
inventando paredes, cenários,
jardins a perder de vista,
inclinados de coloridos.
Seu sorriso se harmoniza
e até incentiva a proliferação de flores:
é dádiva, aprazível convite,
irradiação de quentura,
acesso,
contágio de alegria

— prestidigitação.

Projeto para a frisa Stoclet

Para resumir em joalheria a pintura:
ouro e esmeralda,
braceletes, gargantilhas,
tearas de fogo
(circulares)
e muitas,
muitas incrustrações douradas.
O retângulo se conjuga ao redondo
com a espiral
com o triângulo
enfim
com o quadro —
num festival geométrico.

Nesse muro se depositam os dizeres dos símbolos futuros.

ADÃO E EVA (INACABADO)

Inacabado está o mundo:
não se tocaram ainda Adão e Eva.
Nem deu chance o pintor à atenta serpente
que (entretanto)
abre caminho pelo canteiro
em busca da flor a colher
entre
as alvas pernas da mulher.

Adão (irrepreensível)
já a desvestiu,
arrastando a seus pés
o tecido de igual alegria.

Enlaçando-a assim
cola-se à beleza dela
se faz seu sósia:
os mesmos gestos,
semelhante tonalidade sentimental

— a mútua emoção
do pecado prestes a cometer.

SOBRE A AUTORA
(biografia sucinta)

Paulista de Botucatu, onde nasceu a 14 de outubro de 1944, Maria Lúcia Dal Farra só estréia em poesia em 1994, com os 99 poemas do Livro de Auras *(São Paulo, Editora Iluminuras)*. Estudou em sua terra natal, em São Paulo, Lisboa, Paris, e vive, desde 1986, no Sergipe — hoje em dia na Lajes Velha, onde tem criatório de gatos. Embora aposentada como titular em Letras na Universidade Federal, continua trabalhando como pesquisadora do CNPq e, de tempos em tempos, como professora em universidades nacionais e internacionais.

Foi professora na USP e na UNICAMP; nesta, integrou a equipe de Antonio Candido, responsável pela fundação do Departamento de Teoria Literária, em 1975, do qual apenas se ausentou quando foi morar no Nordeste. Tem publicados mais de centena de trabalhos sobre narrativa e poesia, dentre os quais O narrador ensimesmado — estudo dos romances de primeira pessoa de Vergílio Ferreira *(São Paulo, Ática, 1978)*, A alquimia da linguagem — leitura da cosmogonia poética de Herberto Helder *(Lisboa, Imprensa Nacional/Casa da Moeda, 1986)*, Florbela Espanca, trocando olhares *(Lisboa, Imprensa Nacional/Casa da Moeda, 1994)*, Florbela Espanca *(Rio de Janeiro, Agir Editora, 1995)*, Poemas de Florbela Espanca *(São Paulo, Martins Fontes, 1996)*, Prosa de Florbela Espanca *(São Paulo, Editora Iluminuras, 2002)*.